Cristoforo Landino

# VIDA ACTIVA
# Y CONTEMPLATIVA

*Presentación, traducción y notas de José Luis Trullo*

1ª ed., septiembre de 2024

*Imagen de portada:*
Cristoforo Landino, miniatura incluida en el códice
de las *Disputationes Camaldulenses* (Urb. lat. 508)

Una publicación de Cypress Cultura
www.cypress.com.es

© de la traducción, José Luis Trullo
© de esta edición, Cypress Cultura

ISBN: 978-84-128625-9-1
Depósito legal: SE 1752-2024

IMPRESO EN LA UNIÓN EUROPEA

# PRESENTACIÓN

Cristoforo Landino nació en 1424 en Pratovecchio, una localidad próxima a Florencia, ciudad a la que su familia había permanecido ligada durante generaciones. Estudió derecho en Volterra antes de decantarse decididamente por los *studia humanitatis*, simultaneando la traducción y exégesis de textos clásicos con la creación propia, tanto en prosa como en verso. Fue pupilo de Carolus Marsuppini; tras su fallecimiento, trató sin éxito de sucederle en la cátedra de filosofía y poesía del Studio florentino, la cual fue dividida en dos, quedando la de filosofía en manos de Johannes Argyropoulos y ocupando él la de poesía y oratoria partir de 1458; además, dedicó seminarios monográficos a las *Tusculanas* de Cicerón, a Horacio, a Juvenal, a Persio, a Virgilio y a Petrarca. Ejerció funciones docentes hasta un año antes de su muerte, en la villa de Casentino, el 24 de septiembre de 1498, si bien no se conocen detalles del contenido de sus cursos a partir de 1469; lo que está atestiguado es que obtuvo un gran éxito como profesor, siendo el mejor retribuido en el Studio de su época. El hecho de que, no poseyese conocimientos avanzados de griego impidió que, a la muerte de Argyropoulos, le fuese concedida la ansiada cátedra para la cual parecía postularse cuando, en esas fechas, escribió obras filosóficas; el puesto le fue asignado a Andronico Callisto (1473), y luego a Demetrio Calcondila (1474).

Como poeta, reunió sus composiciones en el libro *Xandra*, escrito a medidos de la década de los 40 y que dedicó a Leon Battista Alberti, con cuya sobrina se casaría en 1459.

Su obra en prosa incluye *De anima* (1471), las célebres *Disputas camaldulenses* (1472) y *De vera nobilitate*, así como un comentario sobre la *Divina comedia* (1481) y otro sobre la *Eneida* (1488). Además, tradujo la *Historia natural* de Plinio (1473) y compuso un manual para redactar cartas (1485).

La carrera de Landino coincide con el período en que Florencia asistió al progresivo desplazamiento de las inquietudes cívicas de los primeros humanistas, como Salutati y Bruni, hacia posiciones más alejadas del compromiso político, caso de Ficino y Poliziano. En este contexto, el apasionado debate que se despliega en "Sobre la vida activa y contemplativa", el libro I de las *Disputas camaldulenses*, cobra un sentido peculiar, pues pone sobre el tapete las dudas y vaivenes que asaltaban a muchos intelectuales de la época (y no sólo en Florencia). Aunque la solución que plantea en la obra el autor parece decantarse por un delicado equilibrio entre la reflexión filosófica y una entrega a los deberes cívicos del erudito, lo cierto es que fueron los propios acontecimientos los que acabaron obligando a cada cual a decidirse por uno u otro ámbito, en función de su vocación intelectual y sus circunstancias personales. En el caso de Landino, tanto su densa red de relaciones como su dedicación a la docencia le mantuvieron en una ubicación más o menos protegida de los avatares de la época.

Las *Disputas camaldulenses* es un diálogo en cuatro libros cuya redacción data de 1472; dedicado a Federico da Montefeltro fue impreso seis veces entre 1480 y 1511 (la primera de ellas en Florencia, por Nicolaus Alamannus), lo cual atestigua su buena acogida entre el público lector. Se conservan cuatro manuscritos de la obra: en el Vaticano, en la Laurenziana, en la Biblioteca Nacional de Florencia y en la Biblioteca Nacional de París.

La traducción del libro I de las *Disputas camaldulenses* titulado "Sobre la vida activa y la contemplativa" que presentamos al lector se ha realizado a partir de la edición bilingüe (latín-italiano) establecida por Eugenio Garin e incluida en el volumen *Prosatori latini del Quattrocento*, publicado en 1952 por Riccardo Ricci Editore como volumen 13 de la colección La letteratura italiana. Storia e testi, pp. 715-791. Se ha utilizado la versión digitalizada en https://archive.org/details/prosatorilatinid000794mbp (último acceso: 26 de julio de 2024).

*José Luis Trullo*

CHRISTOPHORI LANDINI FLORENTINI AD ILLVSTREM
FEDERICVM PRINCIPEM VRBINATVM DISPVTATIONVM
CAMALDVLENSIVM LIBER PRIMVS. DE VITA CONTEMPLA
TIVA ET ACTIVA. FELICITER INCIPIT.

X OMNIBVS ſtudiis Illuſtriſſime Fede
rice / quibus quidem uariis:ac penitus in
ter ſe diuerſis humanum genus exercetur
id in primis cum omnium : in quibus uel
mediocris prudentia elucet / conſenſu ap
probatur : ium ſapiếtiſſimorum uirorum
iudicio ueluti optimũ præfertur : in quo
finem illum omnium rerum ultimum :
quod græci Telos nuncupant / inueſtiga
mus . Ad quem ueluti ad extremam cur
riculi metam deuenientibus nobis in tu
to : tranquilloῷ acquieſcere liceat . Q ui
quidem niſi certus : ac præfinitus a ſum

mo deo nobis propoſitus ſit : quid iam humana conditione miſerius excogita
re poſſim/non reperio. Nam ſi cunẟis aliis in rebus ſiue animatæ illæ ſint : ſiue
anima careant / ultimum aliquid : atῷ poſtremum natura conſtituit:quo cum
peruenerint beatæ iure dicantur : nonne iniquiſſime nobiſcum aẟum eſſe pu
temus : ſi ſolus is homo ſit : quem quo grauiſſimos ac pene infinitos labores
ſuos / quo omnes cogitationes : quo deniῷ uniuerſæ uitæ curſum dirigat, nuſ
quam inueniat . Sed profecẟo ſicuti ſagittariis ſuum ſignum procul expoſi
tum eſt / quo ſagittas collineent atῷ dirigant : ſic homini hoc : quod diẋi ul
timum ab ea : quæ nulla unquam in re deficit natura propoſitum eſt. Q uod
ſi negligat / miſer ſemper futurus ſit homo . Sin autem omnes uiuendi rati
ones illhuc tendant : ſummam ſimus beatitudinem conſecuturi . Q uam ob
rem quid nobis ſtultius fingi poteſt ? qui in rebus nihil profuturis : ac po
tius perſæpe nocituris tam aſſiduas uigilias conteramus : tam intollerabiles
labores perferamus : tam manifeſta in pericula irruamus . Earum autem re
rum : quibus ſolis & aduerſus uarios fortunæ impetus armari poſſimus : &
quid inter illud uanum : adumbratumῷ & hoc ſolidum : atῷ expreſſum &
uere bonum interſit cognoſcimus ? ne minimam quidem curam ponamus.
Q uam quidem rem cum ſæpe mecum animo repeterem : non ab re uiſum
eſt : ſi eos ſermones litteris mandarem : quos Leonem Baptiſtam Albertum
uirum omnium / quos ego unquam uiderim : omni doẟrinarum genere
exercitatiſſimum : & ſumma eloquentia inſignem : de duplici : quod pro
prium hominis ſit / uiuendi genere : atῷ de bonorum malorumῷ fini
bus etiam ex diuino Maronis poetæ figmento habuiſſe meminerim . Ve
rum cum librum noſtrum eius principis auẟoritate honeſtare placeret qui

Habiéndome dirigido con mi hermano Pietro a nuestras tierras en Casentino para huir del calor y descansar la mente, decidimos adentrarnos en el bosque de Camaldoli, paraje de antiguo culto bien conocido por ti y por toda Italia. Y es que allí se puede gozar de un cielo primaveral y sumamente salubre incluso cuando luce Sirio, como dice Homero, ocasionando a los mortales fiebres y dolencias.[1] Llegamos entonces hasta los cenobitas, o si lo prefieres hasta los eremitas, por usar las palabras griegas, quienes nos dijeron que poco antes habían llegado Lorenzo de Médicis con su hermano Giuliano, a los que acompañaban Alammano Rinuccini, Pietro y Donato Acciaiuoli, Marco Parenti y Antonio Canigiani, todos de Florencia y hombres cultísimos; habiendo alcanzado desde la juventud con arte excelsa y práctica constante una elocuencia sobresaliente, habían protagonizado enormes progresos en la filosofía gracias a un estudio ardiente y denodado. Nos encaminamos entonces a la celda en la que descansaban del cansancio provocado por la dura ascensión, y los hallamos sentados. Al vernos, comoquiera que no nos esperaban, se levantaron embargados por una súbita alegría, y tras los saludos de rigor cuando se encuentran personas amigas, hizo notar Lorenzo: "Querido Landino, no podría ocurrirnos nada más deseable que este encuentro en un paraje tan solitario. De hecho, hemos decidido permanecer en este lugar ameno durante unos días para alejarnos de los fastidios y las exigencias ciudadanas, así como de

---

[1] "Es el más brillante, pero constituye un siniestro signo y trae muchas fiebres a los míseros mortales" (Homero, *Ilíada*, XXII, 30-31). Homero se refiere a dicha estrella como "Perro de Orión" (ibíd., 29).

los calores sofocantes que lo abrasan todo. Y dado que queríamos gozar durante un tiempo de este benigno cielo de montaña, reconfortándonos junto con algún deleite del alma, espero que si te unes a estos filósofos no nos faltará ninguna dicha ni delicia".

Cuando me disponía a responderle, fuimos interrumpidos por el anuncio de que estaba a punto de llegar Leon Battista Alberti. Acababa de llegar de Roma, y por la ruta de Arezzo había pasado antes por Figline para visitar a Marsilio Ficino, sin duda el más grande de los platónicos de nuestra época; juntos habían acordado no volver a Florencia hasta que no cesase la intensa canícula, demorándose en la Tempe casentina. Entretanto, ya habían llegado al convento y, tras dejar los caballos, subían hacia nosotros con paso lento junto con Mariotto, abad de los Camaldulenses, hombre excelente por su religión y su cultura. Al oírlo, todos nos sentimos invadidos de un repentino júbilo y un enorme deseo de reunirnos y hablar con ellos, de manera que acudimos a su encuentro y les saludamos efusivamente. El resto del día, y hasta cuando el sol empezaba a ponerse, lo empleamos en los discursos de Battista, hombre versado en toda la cultura que los siglos han contemplado; ello por no hablar de las letras, pues no existe nada que pueda conocerse en dicho ámbito que él no domine de modo eminente.

Al día siguiente, tras escuchar los ritos sagrados, se nos antojó tanto por motivos de salud como de deleite pasear por la parte más alta del bosque, que se extiende hasta la cresta de la montaña. Y así, paso a paso, llegamos a un prado florido donde un haya de frondosas ramas crecía junto a una amena fuente. Dijo entonces Battista: "Este árbol y este arroyo, que con dulce murmullo discurre desde el manantial, evocan el plátano y el riachuelo de la imagen socrática.[2] Los asientos que por doquier veis esbozados por la naturaleza y adaptados por la industria de los pastores nos acogerán agradablemente, ofreciéndonos un cómodo reposo tras nuestro pequeño paseo por la colina". Y, tras tomar asiento, añadió: "Soy de la opinión de que, si no siempre cuanto menos a menudo, los hombres de letras se sienten dichosos cuando, tras concluir o aplazar sus compromisos públicos y privados, buscan estas soledades. Así, según nuestros teólogos, abandonada Marta a esas tormentas que siempre la tienen atareada, se refugian en paz en el puerto seguro y tranquilo de María,[3] desde cuya altura el sabio puede no sólo contemplar la tierra y los mares, sino dirigir su mirada ardiente hacia el Cielo y, recobradas las alas platónicas, como un nuevo Zetes visitar volando los mundos superiores.[4] Pero si esto pueden hacerlo con frecuencia todos los hombres de letras, es muy justo que aún más a menudo lo hagáis vosotros, Lorenzo y Giuliano, dado que el agravamiento

---

[2] *Fedro*, 230b.

[3] *Lc* 10:38-42.

[4] En la mitología griega, Zetes era hijo del dios-viento Bóreas y de Oritía. Tanto él como su hermano gemelo Calais heredaron de su madre una extraordinaria belleza, y de su padre un furor incontenible y un par de alas. Sin embargo, se percibe aquí una posible alusión a *Gorgias*, 485d, donde a su vez se remite a la *Antíope* de Eurípides, obra de la que sólo se conservan fragmentos. En una de sus escenas los hermanos Zeto y Anfión confrontan dos estilos de vida: la activa, preferida por el primero, y la dedicada a la poesía y a la música, por el segundo, que es precisamente el tema de este libro. De hecho, en el original Landino se refiere a Zetus, avalando que quizá jugaba con dicha ambigüedad, pues la defensa de la vida contemplativa permite al sabio ascender hasta las cimas del ser y el saber. La referencia a las "alas platónicas" no puede ser casual, menos aún tras haber citado al neoplatónico Ficino.

de la enfermedad de vuestro padre ha cargado todo el gobierno sobre vuestras espaldas.[5] Y a pesar de que muy grande se muestra en ti la virtud, oh Lorenzo, conviene atribuirlo más a un don divino que a una capacidad humana el hecho de que desde los años de tu adolescencia no existe nada lo bastante grande o difícil que tú no puedas meditar con senil prudencia y afrontarla con invicta magnanimidad. Y aunque tú te encuentras en esa edad siempre acuciada por todo tipo de ansias y has gozado de la abundancia de medios que han logrado, como vemos, dotarte de las más elevadas y sólidas virtudes propias de los grandes hombres en ellas educados, nunca has desbordado los límites de la modestia. En cualquier caso, resulta conveniente, tanto para ti como para el estado –desde el momento en que, en breve, asumirás su administración, y de hecho la has asumido ya en parte–, que siempre que puedas detraigas algo de tiempo a los asuntos públicos para dedicarlo al reposo en un refugio solitario, lejos de los tumultos ciudadanos, o mejor aún, rodeado de hombres doctísimos que bien te quieren, indagando y discutiendo acerca de temas que nos permiten conocer nuestra alma y su origen divino. De hecho, nadie puede gobernarse ni a sí mismo ni a la ciudad si con dichas virtudes no corrige su vida y sus costumbres, depurándolas de cualquier mancha corporal, iluminando su espíritu con las que nos permiten conocer los asuntos supremos, a uno mismo y a los demás hombres, y por qué el Supremo Hacedor nos ha creado. Esta es, en mi opinión, la causa por la que el divino Platón, que en casi todos los demás temas nunca se atreve a afirmar nada, en este, sin duda alguna, sí lo hace cuando dice que los estados no serán realmente felices hasta que no los gobiernen

---

[5] Con veinte años, en 1469, la muerte de su padre le obligó finalmente a hacerse cargo del Estado florentino.

los filósofos, o bien cuando los gobernantes empiecen a filosofar.[6] ¡Vamos, pues, óptimos jóvenes! Vuestros padres y abuelos se preocuparon de que, desde niños, fueseis nutridos por las letras, de manera que prácticamente las habéis mamado con la leche de la nodriza; y dado que habéis alcanzado ese punto en que de nada debéis arrepentiros, y por un don de la naturaleza y por vuestra práctica se manifiesta en vosotros un ingenio agudísimo y un juicio sumamente maduro, con extrema facilidad podréis alcanzar ahora vuestro propósito".

Entonces dijo Lorenzo: "Ciertamente hablas y muestras hacia nosotros, para responderte también por mi hermano, un trato en verdad paternal. Y para que veas cuánto estimo tus preceptos, desde el momento en que has hablado del tipo que vida que se exige para la investigación de los grandes problemas, te pido que nos aclares mejor la cuestión a ambos, pues estamos deseosos de aprender. De hecho, a pesar de que todas las reglas de los actos humanos (bien en interés propio, bien de la familia o en relación con los cargos públicos) se inspiran en las virtudes morales, y estas se obtienen mediante el hábito, en cualquier caso –y ateniéndome a las afirmaciones de Platón que glosa Marsilio [Ficino],[7] quien lo aprecia sobremanera, las cuales me parecen más auténticas que un oráculo–, querría saber con más detalle qué debe aprender de los investigadores de la verdad un jefe de estado, de acuerdo con el criterio platónico. Así que tú, que siempre te muestras tan liberal ante quien te pide cualquier cosa, no te hagas el remolón con nosotros,

---

[6] "No cesarán los males para los Estados antes de que en ellos gobiernen los filósofos" (*República*, 487d).
[7] Marsilio Ficino tradujo del griego al latín los diálogos platónicos (1484), aparte de inspirarse en el filósofo griego para sus propias propuestas, plasmadas entre otras obras en su *Teología platónica*.

apartándote de tus costumbres. La belleza del lugar, la hora del día y el suave soplo del viento no sólo lo permiten, sino que incluso lo exigen, mientras unen su invitación a la mía el murmullo de las aguas que corren y el canto de todo tipo de pajarillos".

Así habló Lorenzo y todos nosotros admiramos el ingenio del joven, aprobando vivazmente su petición. Entonces Battista, sonriendo levemente, respondió: "Habría preferido que mi autoridad fuese menor a tus ojos, y que tú te hubieses esforzado menos en demostrar tu estima por mí, sobre todo en una cuestión que exige una investigación mucho más esmerada de la que permite este retiro campestre en el que nos encontramos, mejor adaptado para el reposo que para la discusión. Se trata de un problema sumamente arduo, que ni siquiera hombres doctísimos –entre los cuales no pretendo que se me incluya– podrían resolver fácilmente en un debate improvisado, sin una cotidiana meditación previa. Pero, ¿cómo podría negarle nada a tu juventud, a la cual se ven obligados a obedecer, dado tu deseo tan ardiente de aprender, hombres que te conocen menos y que son más duros que yo? Quienes en gran número acuden a Roma en nuestra busca celebran desde hace tiempo al unísono tu costumbre de honrar y premiar de muchas maneras a quienes destacan en cualquier doctrina, y muchos ya han sido beneficiados por tu liberalidad. Por lo tanto, parecería yo, no sólo duro, sino incluso ingrato de negarme a satisfacer cualquier deseo de quien hace tanto por las letras. Añade que, habiéndote empujado al debate, estoy cuanto menos obligado por la amistad y la cortesía a no dejar insatisfecho un deseo tan pertinente. Así pues, abordaré el problema, no tanto con la ambiciosa esperanza de resolverlo, cuanto inducido por la vergüenza que me provocaría declinar. Prefiero que estos hombres doctísimos, aquí presentes, me censuren una falta de prudencia a causa de mi deseo de complacerte, antes que ser yo objeto de la acusación de descortesía. Y dado que me lo pides, creo que resulta pertinente discutir acerca de los dos tipos de vida, presentándolos primero por separado; luego, los compararé de manera que, aunque estimamos perfecta en este mundo la vida de quien la asuma, se nos haga evidente cuál de ellas se nos antoja la más excelente. Y dado que estamos ante filósofos eminentes, empezaré de modo que lo parezca también yo.

Que el alma es por sí misma principio de vida, no sólo viene demostrado por los doctos con argumentos claros, sino que todos aquellos dotados de una sana comprensión lo ven, por así decir, con sus propios ojos. Así, cuando hacemos algo prudente, justo, consistente y ponderado, en los asuntos que atañen a la vida común; cuando, separándonos de los sentidos, consideramos lo divino y lo eterno, entonces decimos que ello es posible no por la pura y simple existencia del alma, sino porque esta posee una fuerza capaz de alcanzar dichas realidades. Por tanto, habiéndonos capacitado la naturaleza para que podamos actuar rectamente e investigar la verdad, los doctos han declarado que, dado que la vida humana tiene estas dos tareas, así también son dos los posibles estilos de vida".

Entonces Lorenzo dijo: "Todo esto está muy bien, pero a quien me preguntase si el alma tiene otras tareas, aparte de las que indicas, yo respondería que sí, y en gran número".

Y Battista: "Hace muchas cosas cuando está en el cuerpo. Pero no se te escapa que cuando indagamos acerca de la vida del hombre, buscamos aquello que es exclusivo de él, y de nadie más. ¿Y qué diremos que es más propio de alguien, si no aquello a lo cual se muestra sumamente propenso? De hecho, se ha dicho que todo ser vive para aquello que le es propio y hacia lo que tiende de manera espontánea. Siendo así las cosas, no se nos ocurriría afirmar que el hombre vive para comer, o para alcanzar la estatura adecuada, o para nada por el estilo; de hecho, estas funciones no le son propias, sino que las comparte con todas las plantas. Ni siquiera diremos que su función es la percibir o la de moverse, pues en tal caso nada le diferenciaría de las bestias. Su intelecto, que deriva de la mente, no puedes hallarlo en ningún otro ser vivo, salvo en el hombre, dado que es exclusivo de la mente conducirse de acuerdo con la razón e indagar acerca de la verdad. Por ello, dejadas a un lado el resto de actividades, que no son más nuestras que la de los demás animales, diremos que la vida del hombre en cuanto hombre consiste en actuar y en indagar. Aquellos que postulan un tercer género de vida, enfocada al placer, creo que incurren en un gravísimo error. Es cierto que la mayoría de los mortales viven obsesionados con dormir y comer, o bien engolfados en los placeres venéreos, orientados siempre hacia tierra y sin mirar nunca hacia lo alto, pero no por ello estimo que deban ser contados entre los hombres en lugar de entre las bestias. Los placeres corporales que excitan los sentidos, ¿por qué deberíamos atribuirlos al hombre y no a los demás animales, desde el momento en que no se derivan de la mente, sino de los propios sentidos? Dado que sólo la mente es nuestra, si no queremos degenerar de nuestra naturaleza viviremos bajo su guía, de manera que todas nuestras actividades estarán presididas por el interés de vivir no sólo para nosotros, sino –dado que hemos nacido en sociedad– para nuestros padres, nuestros hijos, nuestros amigos, de acuerdo con los principios de justicia y rectitud; o bien, dejando a un lado los actos y denuedos de la vida civil, o postergándolos para otro momento, nos consagraremos a la búsqueda de la verdad. Por lo tanto, o actuamos, o meditamos.[8] No me impresiona la abrumadora sutileza de quienes niegan que la contemplación sea una forma de vida; aducen que el concepto de vida implica movimiento, y que la especulación se desarrolla más bien bajo la égida de la quietud. No voy a negarlo en modo alguno, desde el momento en que en el libro de la Sabiduría está escrito: "Vuelto a casa, junto a ella descansaré".[9] Ahora bien, ¿quién no ve que, aunque cuando estamos investigando la verdad es preciso que cese cualquier agitación exterior, dicha actividad no se produce sin alguna forma de movimiento? Por tanto, dado que hablamos de la vida del hombre y no de la de otros animales, determinar si consiste en la acción o en el conocimiento, y si al conducirnos en ambos casos de acuerdo con la recta razón, nos volvemos gratos al eterno Dios y favorecemos en grado extremo al género humano. Y esto queda confirmado por el solidísimo consenso entre los poetas antiguos, que eran los teólogos de la religión pagana, y también por los nuestros. ¿Acaso Virgilio, por no hablar de otros, al proponer los premios eternos a los difuntos, no habla de "los que ennoblecieron la vida con las artes que idearon"?[10] De hecho, alaba a los que se dedicaron a la

---

[8] La dialéctica entre *agere* e *intelligere* forma parte de la exposición que Giannozzo Manetti realiza de la dignidad del hombre en su célebre obra acerca de dicho tema, si bien en su caso pondera la enorme importancia de la primera. Cfr. San Agustín, *La ciudad de Dios*, VIII, 4: "Como el estudio de la sabiduría consistía en la acción y en la contemplación, una parte de ella puede llamarse activa, y otra contemplativa. De éstas, la activa mira a organizar la vida, esto es, a establecer costumbres, y la contemplativa a considerar las causas de la naturaleza y la verdad sincerísima". Madrid, BAC, 1958, tomo I, pág. 521.
[9] *Sb* 8:16. Traducción de la Biblia de Jerusalén.
[10] *Eneida*, VI, 663. Traducción de Javier de Echave-Sustaeta. Madrid, Gredos, 1992, pág. 324.

investigación de disciplinas o ciencias de manera cotidiana, o bien contribuyeron a aumentar el conocimiento de las ya existentes. Pero, para no dejar sin honores a ese otro tipo de vida y a las buenas acciones, añade:

> Allí el corro de aquellos que sufrieron heridos por la patria,
> allí están los que fueron toda su vida sacerdotes castos,
> allí los vates fieles a los dioses, cuya canción sonó digna de Apolo.[11]

Para los cristianos, por lo demás, el asunto es tan evidente que no necesita ser probado. En las antiguas escrituras de los hebreos, la vida especulativa recibe el nombre de Raquel, el de María en las cristianas; de este modo, la vida activa está indicada bajo el nombre de Lea, de Marta en las otras. De todos modos, tanto uno como el otro estilo de vida nos son tan propios, que los hombres excelentes en cualquiera de dichos ámbitos obtienen gran número de alabanzas. Ahora bien, dado que todas las cosas se distinguen las unas de las otras en función del fin que se proponen, ¿quién no repara en que en las acciones buscamos lo correcto y adecuado, y en la investigación lo verdadero? Esta última, procediendo de manera ordenada, asciende poco a poco por los diversos grados del ser hasta alcanzar la contemplación de la esencia divina e incorpórea de Dios. Así, vemos cómo algunos, aunque escasos en número, apercibidos por ciertas sombras e imágenes de las cosas que caen bajo el dominio de nuestros sentidos, se inflaman de un amor tan ardiente por los asuntos celestes que abandonan cualquier preocupación terrenal: tras percibir los cuerpos con los sentidos, y con la fantasía las imágenes y similitudes de los cuerpos, captan con la razón la naturaleza de los mismos y con

---

[11] *Ibíd.*, 660-662.

el intelecto los espíritus incorpóreos, aunque creados, para divisar lo increado. Gracias a esta admirable ascensión a través de los grados del ser, nuestro espíritu se sustrae poco a poco de la humilde cárcel corporal dirigiéndose hacia las cosas superiores y, dando la espalda a la ínfima basura de la materia, asciende hasta las cimas divinas. Llegamos así a la conclusión de nuestro razonamiento: que el verdadero objeto de la contemplación es la verdad, desde el momento en que es entonces cuando la mente humana alcanza su plenitud y su perfección. Ahora bien, quizás se objetará: ¿cualquier tipo de verdad? Sin duda, pero en particular la del conocimiento orientado a Dios. De hecho, es Dios el objetivo que se propone nuestra indagación como meta suprema del camino; a Dios se orientan todas las acciones y todos los pensamientos del hombre, de manera que cuando llegues hasta Dios no tendrás ya a dónde encaminarte. Y es que es ese el postrero y supremo bien al que todos aspiramos por impulso natural. Son pocos los que comprenden, confundidos por las nieblas del error y la ignorancia, lo que afirman no sólo los cristianos, sino ya mucho antes del nacimiento de Cristo los aristotélicos, y antes de todos los platónicos. El divino Platón, de hecho, piensa que nuestras almas cayeron del seno de Dios en esta inmundicia extrema, o mejor, fueron enviados para embellecer esta parte inferior del mundo. Al haberse precipitado desde una altura tan sublime, permanecieron durante un tiempo atónitos y casi estupefactos, como embriagados por la agitación tumultuosa de la materia en la que habían entrado. Pero al poco la parte divina que subsiste en ellos se despierta y recupera poco a poco la memoria, lo cual le azuza un deseo agudísimo por el mundo divino y trata de regresar a él.[12] Justicia y religión son casi alas para encaminarse hacia lo alto, hasta que, no sin goce supremo, intuyen el esplendor divino, dentro de los límites de las capacidades espirituales debilitadas por el contacto corporal. Pero cuando nuestras almas se despojen de todo peso mortal y recobren la simplicidad de su naturaleza, entonces al fin se podrá, no sólo calmar, sino incluso extinguir la insistente sed de conocimiento de Dios.

Pero vuelvo al hombre, o sea, al ser animado que, formado por alma y cuerpo, puede en cierto modo superar con la fuerza del alma la debilidad del cuerpo. Apartando la mente de los sentidos, irguiéndose a través de su saber, provisto por mucha doctrina, a través de conocimientos a los que he aludido antes, asciende poco a poco hasta alcanzar el lugar donde, por fin, puede alimentarse de néctar y ambrosía. Cuando Platón dice esto, ¿a qué se refiere, si no al conocimiento de Dios y al placer[13] que conlleva? Esto se logra a través de las virtudes propias de la mente: la inteligencia capta los principios de las cosas; la ciencia, los procesos y los efectos que se derivan de ellos; y, por fin, la sabiduría lo ensambla todo. En cualquier caso, mientras no nos liberemos de cualquier turbación, en vano emprenderemos esta búsqueda: ¿cómo podríamos pensar en algo elevado o egregio si nos vemos envueltos en placeres corporales, asediados por la avaricia y henchidos de ambición? Por ello es necesario que las virtudes liberen nuestra alma de cualquier vicio, propiciando así el inicio de nuestro ascenso. Dice Platón que aquello que el puro no debe ser tocado

---

[12] *Fedro*, 250a-d.
[13] *Voluptate*, en el original.

por lo impuro;[14] y el Evangelio: "Bienaventurados los limpios de corazón, porque ellos verán a Dios".[15] Y es que será estéril que tratemos de emprender esta senda si no mantenemos la mente pura de cualquier mancha. Es una virtud rehuir el vicio, y fundamento de sabiduría privarse de insensatez.[16] En este sentido, me parece muy pertinente la afirmación de Horacio, que de todos modos muchos siglos antes de él ya había expresado de manera sublime en su salmo David, poeta y profeta: "¿Quién subirá al monte de Yahveh?, ¿quién podrá estar en su recinto santo?". Y a esta pregunta responde de inmediato: "El de manos limpias y puro corazón".[17] Por ello será apto para subir al monte del Señor quien mantenga lejos de los vicios, no sólo las manos, sino también la mente. La única paz que puede hacernos dichosos, la paz inmóvil, está allá arriba: no en la ascensión, sino cuando se alcanza la cima. Y no se concederá la paz si antes no te has esforzado, ni podrás posarte sobre el altiplano del monte desde donde la mirada se extiende por doquier, si antes no trepas por el escarpado acantilado".

Entonces dijo Lorenzo: "Ahora entiendo a qué te refieres, y me doy cuenta de que de ninguna manera quieres ubicar el bien supremo en las acciones reguladas por las virtudes morales. Aunque tal vez esperes a más adelante para aclarar este punto; dado que todavía estamos indagando, me apetece mucho, si te parece bien a ti, escuchar una explicación amplia y completa sobre esta materia. De hecho, soy consciente de

---

[14] "No es lícito para lo puro ser tocado por lo impuro". Proclo, *Comentario al Timeo de Platón*. En el parlamento de Alberti se alternan continuamente citas aproximadas y paráfrasis de los diálogos de Platón, pero también de Plotino, de Proclo y del propio Ficino.

[15] *Mt* 5:8. Traducción de la Biblia de Jerusalén.

[16] "Stultitia", en el original; también equivale a necedad o ignorancia.

[17] *Sal* 24:3-4. Traducción de la Biblia de Jerusalén.

que los más doctos han dudado no poco acerca de si conviene hacer depender dicho bien de la mente o de la voluntad".

Respondió Battista: "Así es, se trata de una cuestión acerca de la cual discrepan y debaten de manera encarnizada. A menudo se enfrentan de manera tan áspera, para después separarse, que no es fácil determinar quién ha impuesto sus tesis. De hecho, tanto una como la otra atesoran buenos argumentos para ser defendidas. Si ponemos como objetivo la verdad que se alcanza mediante la especulación, ¿quién ignora que esta atañe únicamente al intelecto? Por eso, quienes conocen la lengua hebrea dicen que Raquel, que simboliza la especulación, significa "principio de la visión". Por otro lado, dado que quienes se dedican a la especulación tienden al conocimiento de la verdad con todas sus fuerzas, y dado que cualquier esfuerzo íntimo procede de la voluntad, podemos deducir que no depende de la mente sino de esta última. Y es que esta mueve, no sólo las demás potencias del alma, sino la propia mente. Al conocimiento de la verdad nos impulsa ciertamente esa apetencia que obedece a la razón y a la que todos los filósofos llaman voluntad, poco importa ahora si esto se produce por puro afán de conocer o por deseo del placer que se deriva del propio conocimiento. De aquí nace el pensamiento y se pone en movimiento la meditación: por ello contemplamos, admiramos, indagamos con tanto esmero: todas estas son cosas que tienden al mismo fin, pero que en cualquier caso las analizaremos por separado con mayor detalle.

La mente piensa cuando reduce lo múltiple a la unidad, de manera que deja a un lado lo falso para optar por lo verdadero. Y es que es necesario que el sabio halle remedio al mal que supone que lo múltiple se le muestre por todas partes –pues con ello el alma se dispersa en múltiples direcciones por la semejanza entre las cosas–, y por ello debe reunirlas en un manojo y a continuación, refutando poco a poco lo falso mediante la razón, quedarse únicamente con aquello que, al no poder ser refutado, se deduce que es verdadero. Esta reducción de lo mucho al uno es lo que se llama "razonar".[18] Del mismo modo, llamamos pensar [*putare*] a aquello que es casi un purgar [*purgare*]; de hecho, se habla de oro purificado, de donde procede la palabra *disputar*, que significa adoptar un criterio racional mediante el uso de términos puros y lúcidos.[19]

Pero, para volver al tema, diremos que el pensamiento es el examen de muchas cosas. En la meditación se lleva a cabo un proceso racional que parte de los principios que atañen a la especulación de la verdad, proceso que implica cierta práctica. Y es que quien medita es como un corredor, que desde la línea de salida de los principios se dirige hacia la meta de las conclusiones, de argumento en argumento; de hecho, esta palabra en latín significa *ejercicio*, como atestigua Virgilio al decir: "Con este monstruo ejercitó en otro tiempo sus horribles venganzas Juno contra la novilla, hija de Ínaco, cuya muerte meditaba",[20] o bien Juvenal al afirmar: "Fusco, que meditaba batallas en su palacio de mármol".[21] Esta palabra deriva del griego, en el cual asumía el significado del término *meletam*.[22]

---

[18] "Cogitationem", en el original.

[19] El juego de palabras, intraducible, lo entenderá el lector a partir de los conceptos latinos que maneja el autor, entre corchetes.

[20] *Geórgicas*, III, 154. Traducción de Tomás de la Ascensión Recio García y Arturo Soler Ruiz. Madrid, Gredos, 1990, pág. 332.

[21] *Sátiras*, IV, 111. Traducción de Manuel Balasch. Madrid, Gredos, 1991, pág. 165.

[22] En griego, estudiar se dice μελέτη. En este pasaje, el autor juega continuamente con el sentido de la palabra latina *exercitatio*.

Los nuestros[23] definen la contemplación como una intuición aguda y quieta del alma en su conocimiento de la verdad. Si indagamos en el origen del concepto, no se te escapará que en su origen los latinos llamaban templo al espacio del cielo que los adivinos señalaban en la orilla para captar augurios, y del cual no apartaban la vista para que no entrase un pájaro. De ahí, de esta mirada concentradísima dirigida hacia el templo, que digamos que contemplan aquellos que permanecen absortos en la investigación de un tema.

Pasemos ahora a la admiración, por la cual entendemos el estupor que nos produce la percepción de algo que sobrepasa nuestras facultades, y que suele acompañar en general a la investigación en la que captamos algo que se separa enormemente de nuestra opinión. Pero basta por ahora con esto.

Prosigamos. En cuanto a la especulación, si atendemos a San Agustín,[24] entenderemos que procede de espejo;[25] de hecho, les ocurre a quienes desean conocer la verdad que perciben en los efectos derivados de las causas ciertos simulacros de verdades análogos a las imágenes de los cuerpos que se reflejan en un espejo. Esto, en lo que respecta a las palabras; en lo referido a lo que entendemos por la acción del movimiento especulativo, no querría que creyeras que hemos incurrido en contradicción respecto a la afirmación de quienes centran la especulación, no en el movimiento, sino en la quietud. De hecho, decimos que se trata de un movimiento, pero no sólo en el sentido en que se habla de movimiento a propósito de algo que alcanza su máxima perfección. Si se utiliza la palabra movimiento es porque, a través de los datos de los senti-

---

[23] Se refiere a los filósofos platónicos.
[24] *De Trinitate,* XV, VIII 14.
[25] "Speculum", en el original.

dos, nuestra alma reencuentra las cosas que sólo la mente alcanza, y porque las acciones de los sentidos no carecen de movimiento. Podría añadir a este respecto muchas cosas, y sobre todo traer a colación aquellas que pronunció con gran perspicacia expresó Dionisio[26] y muchos teólogos cristianos que le siguieron. Pero tal vez os conforméis con menos. Por ello, sigamos adelante".

Sin embargo, Lorenzo dijo: "Antes de proseguir, nos gustaría saber más de eso a lo que apuntas. ¿En qué puede sernos útil Dionisio, hombre docto en todos los saberes humanos y divinos, que no deba aprenderse con sumo esfuerzo?

Y Battista: "Como gustes. Dado que debemos hablar de dicho movimiento, afirmo que el que atribuimos a nuestras almas es de naturaleza triple: recto, circular y oblicuo, este último derivado de los dos anteriores.[27] Es recto cuando en nuestros actos mentales procedemos de una cosa a otra; si, por el contrario, nos mueve una forma única y simple, entonces decimos que el movimiento es circular, dado que la naturaleza del círculo es la de moverse siempre a la misma distancia del centro. Si a este movimiento se le une algo que empuja en sentidos distintos y apartándose del anterior, el resultado será entonces no el de un movimiento circular, sino oblicuo. Ahora bien, a pesar de que los movimientos corporales, los cuales tienen su origen en las cosas exteriores que inciden sobre nuestra alma, perturban la quietud de la especulación, por el contrario los movimientos a los que acabo de referirme no sólo no lo hacen, sino que la incrementan. Pero te preguntarás: ¿entonces

---

[26] Se refiere al Pseudo-Dionisio Areopagita, autor que volvió a la luz en la Italia de la época gracias a las traducciones realizadas por Ambrogio Traversari y que versionará de nuevo Marsilio Ficino.

[27] Cfr. *Los nombres de Dios*, cap. IV, 8-10.

los movimientos de nuestra alma son análogos a los de las sustancias separadas a las que llamamos ángeles, y los antiguos demonios e, incluso, dioses? En absoluto. De hecho, hemos afirmado que en el alma humana el movimiento en línea recta es aquel en virtud del cual las cosas que inciden exteriormente sobre nuestros sentidos ascienden hasta las que se captan con la mente pura. Por su parte, el ángel no alcanza la verdad de las numerosas cosas compuestas, ni siquiera de acuerdo con un proceso racional, sino que lo capta todo mediante un simple acto de la visión. Además, de manera constante, sin principio ni final, dado que es subsistente, contempla a Dios de ese modo, es decir, de la misma manera en que el círculo se mueve siempre en torno al centro: por ello no conoce a Dios mediante un movimiento recto, como el hombre, sino circular, mientras que nuestra alma no puede describir un movimiento circular desde el principio, ni tampoco podrá alcanzar el punto en el que mantendrá un movimiento uniforme: ello no ocurrirá si antes no cesa por completo el movimiento recto que describe el propio proceso racional: cuando este mengua, las almas pueden al fin permanecer absortas en el conocimiento de las cosas divinas, pues ya no les distrae ningún movimiento, ningún error les perturba: y es que ninguno cabe en el conocimiento de los principios, que captan con intuición simple. Al adoptar dicho movimiento, nos equiparamos a los ángeles y quedamos, quietos, al margen de la distracción. Ahora bien, objetarás que, según Dionisio, los ángeles no poseen los otros dos modos de movimiento. Así es, pero de una forma particular. En el caso del ángel, por "movimiento recto" no entendemos aquel que, razonando, procede de noción en noción, sino ese por el cual, gracias a un orden providencial, el espíritu superior ilumina las realidades inferiores. El hombre, por el contrario, mediante el movimiento recto se dirige hacia las cosas que le rodean, después ascendemos desde las externas que inciden sobre nuestros sentidos hacia las que incorpóreas que se conocen con la mente. Ni siquiera en el movimiento oblicuo coincidimos con los ángeles, pues en su caso consiste en el proceso por el cual proveen gracias a la especulación desde las realidades divinas a las cosas inferiores. Pero de los ángeles hablaremos en otro lugar. En lo que nos atañe, si con la guía de la razón innata en nosotros procedemos de las cosas que inciden sobre nuestros sentidos hacia aquellas que se captan con la mente, estamos describiendo un movimiento recto; si, en cambio, recibimos los rayos de una luz divina, entonces lo hacemos con un movimiento oblicuo. Sobre el movimiento circular no hay ninguna duda que está caracterizado por la inmovilidad. Hay quien dice que las almas se mueven hacia arriba o hacia abajo, en función de si procedemos del género a las formas o viceversa; hay quien habla de un movimiento de izquierda a derecha, cuando pasamos de un lado a su opuesto; por último, nos moveremos hacia adelante o hacia atrás si vamos de las causas a los efectos o al revés. Estas son las cosas que se dicen acerca del género de vida que implica la investigación de la verdad.

En lo que respecta a la vida activa, si esta la protagoniza un hombre de ingenio agudo y consejo ponderado, cuyo ánimo esté bien pertrechado contra cualquier peligro, perfectamente regulado frente al placer y preñado únicamente de pensamientos de justicia y de piedad, entonces será un tipo de vida auténticamente egregio y digno de un hombre. Dado que no hemos nacido únicamente para nosotros mismos, sino que ante todo estamos al servicio de la sociedad, ¡con qué elogios celebraremos a quien se consagra a la familia proveyéndole de cuanto necesita para mantenerse con abundancia (siempre dentro de unos límites), de manera que los hijos y todos aquellos que estén bajo su tutela reciban una educación liberal y sean formados en todas las bellas artes, aumentándose el patrimonio con extrema cautela y diligencia, aunque lejos de cualquier sombra de avaricia! ¿Y qué diré de ese hombre que, más allá de aquellos a quien debe asistir, ayuda también a otros, y brinda su propia liberalidad a los ciudadanos particulares, alojando a extraños, mientras contribuye a la utilidad pública con la magnificencia de sus obras, el esplendor de sus funciones y el volumen de sus tributos? Si se dedica a la administración pública, se revela provisto de numerosas virtudes, dotado de gran elocuencia, pronto a emitir juicios útiles y justos para la ciudad, además de mostrarse capaz de inducir a otros, con su amplia facundia, a compartirlos. Si un hombre tal no teme ni la violencia de los enemigos, ni la ira sediciosa de sus conciudadanos (a cuyos embates opone todas sus fuerzas del ánimo y del cuerpo, aplastando dichas tentativas malvadas y furibundas con libertad extrema); si, por último, asume el culto divino, el mantenimiento de la justicia y de la equidad, de los límites de la moderación dentro de los cuales cualquier ciudad debe mantenerse, y si para conseguirlo no ahorra fatiga o peligro alguno, ni siquiera su propia vida; si alguien se comporta de este modo, ¿no diremos que ha culminado su misión terrenal enalteciendo de manera sublime al género humano?

En este tema, me asalta una gran extrañeza cuando compruebo que se duda de que quienes llevan a cabo todo esto lo hagan sin apelar a esas virtudes que llamamos éticas pues, suprimidas estas, ¿cómo se podría observar un comportamiento recto? ¿Qué atesoraríamos como propio, que no lo compartiésemos con las bestias? Cuando buscamos una regla práctica,

¿qué ansiamos, si no determinar las acciones que el hombre debe llevar a cabo en la vida social, las cuales no sé qué otras podrían ser si no el actuar con justicia, con fortaleza, con templanza?[28] Ahora bien, esta es, justamente, la norma de la prudencia, la cual, si no toma el timón para dirigir el curso de nuestra vida hacia un puerto tranquilo y seguro, necesariamente nos veremos inmersos en tormentas y oleajes.

Pero me atreveré a decir más: nadie podrá guiarse rectamente a sí mismo, ni su propia casa ni el estado, si está privado de doctrina. De hecho, ¿cómo conocería cuál es el sumo bien del hombre y cómo debe alcanzarlo, si ignora por completo la naturaleza de los hombres y de las cosas? ¿Cómo podrá conducirse en los servicios religiosos si carece de conocimiento alguno acerca de la divinidad? Así pues, quien aspire a la dirección del estado no podrá, de ninguna manera, ser ajeno a estos conocimientos. De todos modos, admito que me parece difícil que pueda alcanzar un conocimiento exacto de dichos temas un hombre que se entregue por completo a los negocios privados y públicos. No ignoro que esta fue la causa de que Lea, que en las Escrituras de los hebreos simboliza la acción, fue descrita como de vista corta pero muy fecunda,[29] al mostrarse absorta en la práctica y ajena a la contemplación. Pero es por haber beneficiado a muchos que estos se muestran filialmente apegados a ella. Ves, entonces, cómo la vida activa no debe despreciarse, ya que resulta idónea para la vida: con sus industriosos trabajos mantiene unido al género humano, propiciando el culto de la justicia y de lo divino.

---

[28] Las virtudes cardinales, junto a la prudencia, a la cual desgaja de las otras tres para otorgarle la primacía.

[29] "Los ojos de Lía eran tiernos" (*Gn* 29:17). Traducción de la Biblia de Jerusalén.

De todos modos, nuestra mente, que es la única que nos hace hombres, no encuentra su perfección en la actividad mortal, sino en el conocimiento inmortal, en el cual se encuentra depositado el sumo bien al cual todo apunta, por el cual todas las cosas han sido hechas, mientras que él es querido por sí mismo. ¿Quién no es capaz de ver que la especulación posee una dignidad de un alcance muy superior?".

Así habló Battista, manteniendo la mirada perdida, como quien capta más cosas con la mente de las que puede expresar con palabras; y permaneció en silencio sentado durante mucho rato. Los presentes nos sentíamos tan extasiados ante su sabiduría, que le escuchábamos sin plantearle preguntas, rumiando para nuestros adentros lo que estábamos escuchando.

Sin embargo Lorenzo, agudísimo como es de ingenio, y sumamente deseoso de todo saber, no por ostentación, sino para que, manifestando su oposición, Battista declarase su pensamiento, rompió al fin nuestro silencio y contrapuso a las palabras de Alberti lo siguiente: "A pesar de que tanto el pudor propio de mi edad me aconseja, como la sabiduría que puede sugerir cualquier prudencia, me inviten a dar, junto con hombres tan eminentes, por buenas tus palabras, en cualquier caso estimo que contribuirá a la fama de esta reflexión tuya el hecho de que todos comprendan que la opinión vencedora ha triunfado sobre un adversario que no le ofrecido una victoria incruenta. Por ello, cuando, según las fuerzas de mi ingenio, considero nuestra naturaleza, no se me antojan despreciables los argumentos que aporta en su defensa la actividad civil; y el que voy a exponer a continuación me parece, de todos, el más convincente.

Cuando sopesamos la vida humana, creo que nadie posee un ingenio tan basto como para no comprender que no escindimos su alma y su cuerpo de manera que cada uno subsista por su lado, del mismo modo que al hablar del tiro de un carruaje no entendemos uno solo de los caballos sino ambos a la vez: por lo tanto, al analizar la existencia del hombre nos lo presentamos al completo, compuesto por alma y cuerpo. Si se me concede este punto, estoy convencido de que debe preferirse aquel género de vida que resulta útil y perfecciona, no una sola de sus partes, sino al hombre entero. Y, por ello, la norma de la vida que se consagra en la acción me parece superior a las virtudes morales, en base a las cuales se regula la vida civil, proveyendo conjuntamente al cuerpo y al alma. De hecho, gracias a ellas conserva la salud y la fuerza de todos sus miembros, y no sólo la integridad de los sentidos, mientras que el alma se mantiene pura de cualquier mancha de vicio. Por ello conviene anteponer la actividad que realiza todo ello a la investigación de la verdad, la cual, empeñada únicamente en los cuidados del espíritu, descuida el resto.

¿Quién no percibe que la naturaleza, nuestra madre excelente, nos ha creado para celebrar la vida común y conservar la sociedad? Ahora bien, esto no sería posible de ningún modo sin la constitución del estado.[30] ¿Por qué otra razón la Grecia entera ensalza a Sócrates con elogios inmortales, si no porque fue el primero en abajar la filosofía del cielo a la tierra, introduciéndola en la ciudad? Y al afirmarlo, ¿qué otra cosa quiere decirse, si no que un varón tan puro comprendió, con su divino saber, que era mucho más oportuno, para conducir al género humano hacia una existencia segura y tranquila, abandonar el estudio de los arcanos divinos y de la naturaleza, abstrusos y

---

[30] En la época, por "estado" (en el original, "res publica") se entendía la administración de los asuntos comunes, no una entidad con los perfiles omnímodos que posee actualmente.

oscuros, para enseñar a sus conciudadanos aquellas reglas con las cuales, corrigiendo nuestras acciones, no solo se administrase mejor la familia, sino el estado entero?

Si andamos en busca de nuestro origen, si queremos tomar en consideración el objetivo para el cual hemos nacido, comprenderemos que Nuestro Señor nos ha mandado a esta ínfima región del orbe como a una ardua expedición a tierras lejanas, para que combatiendo virilmente contra todo tipo de dificultades y sorteando a dos enemigos crudelísimos, el dolor y el placer, podamos alcanzar una paz eterna. Y es que, dado que todos estamos por ley natural impulsados hacia lo justo y lo honesto, estimamos malvado únicamente a quien se extravía por el temor al sufrimiento o la esperanza del disfrute. La codicia por el poder y por las posesiones, que son los males que empujan a los hombres a perpetrar actos malvados, ¿qué otra cosa buscan, si no la posibilidad de huir de todo sufrimiento y de disfrutar de toda voluptuosidad? Reclutados, pues, en este ejército, pues cada día debemos salir al campo de batalla a combatir por la vida, es decir, para obtener la salvación de nuestra alma, ¿no debemos considerar desertor a quien abandona su puesto, deja atrás a sus compañeros y se retira a escondidas de la batalla? Encerrados en la misma ciudad, rodeados por los mismos muros, mientras que con las mismas armas hacemos frente a los ataques enemigos y de común acuerdo establecemos las mismas leyes bajo cuya guía vivir justamente; mientras nos exhortamos a abordar los desafíos para defender nuestra dignidad sin sobrepasar los límites prescritos por la moderación, ¿no debemos, con todas nuestras fuerzas, conducirnos de manera que esta vida civil se vea libre de cualquier delito y haga suyas todas las virtudes, sin temer ningún dolor ni peligro, sin ceder a ningún placer mientras dure la

34

contienda? Quien languideciendo en el ocio descuida todo ello, ¿no estimaremos que está faltando a la misión que le ha impuesto Dios?

Pero voy a proponeros un ejemplo que ilustrará de manera clara la diferencia entre ese ocioso contemplativo y nuestro activo ciudadano: imaginemos una ciudad dotada de todo tipo de edificios públicos y privados, sagrados y profanos, todos magníficos y suntuosos; imaginemos a un hombre sumamente sabio que deseara poblarla de habitantes a la altura de tanta riqueza: así como en el cuerpo humano cada miembro está al servicio del organismo entero, sentado a la puerta examinará con la máxima diligencia a los aspirantes a entrar en ella, evaluando meticulosamente la utilidad de cada cual en función de sus conocimientos y sus habilidades. Unos dirán en su favor que son sabios legisladores, otros consejeros prudentes, otros oradores eficaces, otros justos magistrados; habrá algunos que practicarán la medicina, otros que resolverán los litigios judiciales, otros que se ofrecerán como futuros soldados. Habrá arquitectos, escultores, pintores, herreros y carpinteros. Y dado que, además de estas artes, que se ejercen con ingenio y habilidad, y que son dignas de un hombre libre, se necesitan también otras actividades que nos permiten vivir no sólo bien sino con seguridad y comodidad, se postularán mercaderes que trafican con metales preciosos, y que importando y exportando proporcionan al pueblo todo tipo de productos y de riquezas. Vendrán artesanos capaces de confeccionar prendas de lana y colorearlas después, de las cuales podremos servirnos no sólo para protegernos del frío y del calor, sino también como ornamento y para ganar en dignidad. Y además de estos, también los oficios más bajos y mercenarios, a los cuales se retribuye más por el esfuerzo que por la habilidad; eso por no hablar de los tejedores, de los lavanderos, de los zapateros y de muchos otros similares, como los vendedores de aceite y de encurtidos, los panaderos, los cocineros, los pescaderos, los matarifes, a los cuales el Gnatón terenciano[31] se vanagloriaba de haber beneficiado en la fortuna y en la adversidad.

Estando en su mano el asignar el derecho de ciudadanía, tras ponderar el ingenio y el arte de aquellos a los que he citado antes, y habiendo reconocido lo necesarios que resultan estos últimos, lo concederá a todos ellos, animándoles a perseverar celosamente en su ocupación. Ahora bien, si se le presenta nuestro sabio ocioso, absorto en sí mismo, siempre solo en su biblioteca, renuente a unirse a ningún grupo, que no saluda a nadie ni desempeña ninguna actividad pública ni privada, ¿qué ejemplo brindará a la sociedad? ¿Dónde lo meteremos? ¿Qué función asumirá? ¿Habrá alguien que crea que debe ser incluido entre los hombres? No, desde luego, sino que por el contrario todos lo considerarán un perezoso, y le despreciarán como a esos insectos que vienen a libar la miel ajena. 'Pero yo, dirá él, vivo en paz, y en el ocio absoluto voy investigando las fuerzas de la naturaleza y busca lo verdad por doquier'. 'Sí, desde luego que eres feliz, pero procura no olvidar tu propia naturaleza, tú que sólo te preocupas de ti mismo sin pensar en los demás. Pero permíteme que te pregunte algo que quiero saber: si tú subieras a una nave que parte hacia la batalla sin ser timonel, ni remero, ni para correr por el puente ordenando a los demás lo que deben hacer para ajustar las velas y los aparejos, ni para obedecer a un tercero, sin ni siquiera

---

[31] Personaje de la comedia *Eunuco*, de Terencio, un pícaro que se jacta de ser bien recibido por todo tipo de proveedores de viandas, a pesar de carecer de ningún talento propio. *Vid.* acto II, escena II, 255-258.

empuñar un arma para luchar contra los enemigos, sino como un peso inútil, ocupando sin hacer nada el puesto de alguien que sí podría ser de utilidad; si embarcases en dicha nave con el propósito de no contribuir en su misión ni con obras ni con consejos, ¿no crees que los capitanes te considerarían inútil y digno de ser arrojado al agua, y quizás, si fuesen un poco severos, lo harían de veras? ¿O acaso crees que el estado tiene menos necesidad de sus ciudadanos que un barco, cuando continuamente y por todos lados lo amenazan peligros gravísimos, cuando mediante las armas y las insidias lo asaltan a todas horas la ambición y la avidez de los pueblos y los príncipes, mientras en el interior se agitan las facciones de los sediciosos? ¿Quién ignora que el estado es en todo similar a un ser vivo, donde la armonía del conjunto exige que cada miembro asuma su función? El corazón distribuye el espíritu que da vida al animal;[32] el estómago contribuye a la nutrición; el hígado asume una función esencial; el sentido depende del cerebro y la respiración, de los pulmones. No quiero extenderme por todas las partes del cuerpo que no por ser nauseabundas resultan menos conocidas; atengámonos a las visibles. Los pies nos desplazan, las manos trabajan, los ojos ven, las orejas escuchan, todos forman un concierto común de instrumentos distintos gracias a los cuales el animal aleja de sí lo que le perjudica y obtiene y retiene lo que le beneficia. Si los pies rechazaran desplazar la masa corporal, y los ojos ver aquello que contribuye a la salud del conjunto; si la nariz no quisiera dis-

---

[32] *Spiritus* es una palabra polisémica y de difícil precisión en una época precientífica como el Renacimiento. Según la web Etymonline, tiene el sentido de "principio animador en el hombre y en los animales", es decir, lo que actualmente entendemos por "hálito vital", aquello que mantiene con vida un organismo.

cernir los olores ni el gusto los sabores útiles de los perjudiciales, ¿cómo crees que podría perdurar un ser vivo? Añade algo aún más nocivo. Si los contemplativos abandonasen las preocupaciones políticas, prescindiríamos de aquellos que más ingenio y prudencia poseen, por lo cual el estado correría más peligro al quedar en manos de los menos sabios en lugar de los más sabios. Si Tersites hubiese desertado del ejército griego, los troyanos no habrían obtenido gran provecho, puesto que aunque luchaba con todas sus fuerzas inspiraba escaso temor a los adversarios; ahora bien, si el fuerte Aquiles, airado contra Agamenón, se hubiese retirado a su tienda, es de imaginar que los griegos habrían emprendido la huida. Quien con su presencia puede beneficiar, perjudica enormemente con su ausencia. Lo mismo debe decirse del estado cuya administración, si abandona el poder quien gobierna a los demás con ingenio y prudencia, necesariamente caerá en manos de los más necios, con gran perjuicio para todos'. 'Pero, objetará nuestro investigador, al indagar en la naturaleza yo descubro cosas útiles para la salvación de los hombres, de manera que puedo enseñarles cómo se deben constituir los estados, con qué leyes han de regirse, qué principios conviene que se adopten, con qué penas hay que castigar las culpas y qué honores deben concederse a los mejores'. Yo admiro a alguien así porque es feliz, y lo alabo sobremanera porque acumula tantos tesoros. Pero cuando luego me percato de que los mantiene ocultos, y veo que no convierte en libertad común tantas riquezas, lo comparo con un hombre muy pudiente, pero tan avaro como para esconder sus posesiones a todos, enterrándolas para no beneficiarse a sí mismo ni a los demás. Es como si alguien se ejercitara para ser el más fuerte y el más rápido, y luego no participase en ninguna carrera o competición. ¿Para qué sirve, en nombre de los dioses inmortales, tener un medicamento, si luego no va a beneficiar a la utilidad común? ¿De qué habría servido el arte de Fidias, si no lo hubiese plasmado ni en marfil ni en oro? Se dice que fue sabio Numa Pompilio, el segundo rey de los romanos; pero ya sé yo en qué consistía su sabiduría: de hecho, condujo al pueblo que le había sido confiado, feroz y tenaz en la batalla, a la tranquilidad, a la paz, a la justicia, a la religión, y logró que aquellos que no poseían armas para defenderse de sus vecinos se sintieran seguros gracias a la autoridad de uno solo.[33] No hablo de Bruto ni de Publícola, al principio de la libertad, ni de los tiempos posteriores de Camilo, que devolvió a la antigua dignidad el imperio que había decaído. No hablo de los Catones, de los Lelios, de los Escipiones, de quienes sabemos que eran todos hombres cultos; no hablo del sinnúmero de hombres que, de haberse consagrado únicamente a la ciencia en lugar de guiar al estado con sabiduría, ni en vida habrían sido tenidos en consideración, ni una vez muertos se les recordaría tantos siglos después.

Hoy en día vive Federico de Montefeltro, señor de Urbino,[34] que no dudo en comparar a los más grandes capitanes de todos los tiempos. Muchísimas y sumamente admirables son las virtudes de este hombre egregio, con un ingenio agudísimo y abierto a todo; con un amor tan grande a las letras que, en cuanto puede robar un momento a sus ocupaciones, se consagra a los estudios; con tanto interés en leer, en escuchar y en debatir, que ha conseguido ser incluido entre los hombres más doctos. Bueno, pues supongamos por un momento que hubiese dado la espalda al gobierno, que florece tan tranquilo

---

[33] Plutarco, *Vidas paralelas.*

[34] A quien están dedicadas las *Disputationes camaldulenses* a las que pertenece este libro I, dedicado a la vida activa y la contemplativa.

bajo su égida, y al ejército, al frente del cual supera a los capitanes de su época y compite con los de la antigüedad, para entregarse a la especulación. ¿Qué quedaría de un hombre así?

Pero volvamos a los antiguos. Fue sabio Hércules, pero no para sí mismo: con su sabiduría benefició a todos los mortales. De hecho, peregrinando por gran parte del mundo quitó de en medio a fieras horribles, doblegó a enormes monstruos perniciosos, venció a tiranos crudelísimos y restituyó el derecho y la libertad a muchísimos pueblos y naciones; si se hubiera quedado junto a su preceptor, Atlas,[35] dedicado únicamente a reflexiones ociosas, en lugar de Hércules tendríamos a un sofista, y nadie se habría atrevido a llamarle hijo de Júpiter, desde el momento en que el propio Júpiter –el cual, como dicen los platónicos, es el alma del mundo–[36] no descansa nunca, pues si lo hiciera se detendrían todas las cosas, las cuales se ven invadidas por un movimiento incesante: los cielos ya no se desplazarían en una carrera continua, no aparecerían ni se pondrían las estrellas, los elementos no se mezclarían entre sí en una transformación perenne, los ríos no fluirían, la tierra no produciría nada, los tiempos no cambiarían, las Parcas no echarían las suertes, ya no cantarían las Musas.

Pero volvamos a los hombres. Tú mismo sabes cuáles contribuyeron a incrementar la fama de los cristianos: ¡qué múltiple y variada doctrina atesoraron! Pero entre los excelsos

---

[35] Posible alusión al undécimo trabajo, en el cual Hércules debe hacerse con las manzanas de oro del jardín de las Hespérides. "Atlas, que sostenía la bóveda celeste, se la pasa a Hércules como condición para revelarle cómo adueñarse de ellas, pero con la idea de no volver a sostenerla, lo que no pudo lograr gracias a la astucia del tirintio". (Ovidio, *Metamorfosis*. Traducción de Consuelo Álvarez y Rosa María Iglesias, Madrid, Cátedra, 1995, pág. 520, n. 1070).

[36] *Timeo*, 34b3-37c5.

que con su obra y su consejo fundaron la Iglesia, dime, ¿quién se ocupó de las letras hasta el punto de no comprometerse con acción alguna? Para ser breve, ¿cuánto estimas al apóstol Pablo? ¿Cuántos te parecen dignos de ser comparados con él? Si atiendes a su discurso, no conozco a quien pueda resultar más pleno, más agudo en la enseñanza, más eficaz a la hora de conmover. Y por lo que respecta a la doctrina, no se requiere ni mi testimonio ni el de nadie más, ya que por consenso común y constante de cuantos viven y vivieron ha sido llamado justamente el doctor de las gentes, él, que especulando ascendió hasta el tercer cielo[37] y vio y conoció cosas que no es lícito declarar a los hombres. Pues bien, ¿acaso este hombre se encerró a meditar en su celda, despreciando la salvación ajena? Lee, te ruego, lo que escribe acerca de sí mismo este hombre modestísimo y narran de él personas de extrema santidad: en cuántos viajes, en cuántas travesías se embarcó a pesar de las enfermedades que contrajo, cuántos peligros corrió, cuántas desgracias sufrió por conducir la nave de Pedro a un puerto seguro y tranquilo, sorteando todo tipo de escollos afilados y tremendas tormentas.

He citado uno de entre muchos ejemplos. Acuérdate, por lo demás, de cuántos hombres doctísimos podríamos enumerar de entre los latinos y los griegos quienes, no por ambición, sino por un vivísimo amor, brindaron a los demás las altas virtudes que los engalanaban. ¿A qué otra cosa podían aspirar, si no a ofrecer consejos de prudencia, suaves admoniciones, severos castigos para beneficiar al máximo de personas posibles con su obra, de manera que aquello que habían aprendido con tanto esfuerzo y habilidad no quedase oculto y

---

[37] *IICor* 2:2.

vano, como el esclavo, sino que quedase a disposición de la utilidad común?

Pero, ¿por qué insisto tanto en esta idea, cuando por consenso constante de todos los pueblos vemos comprobamos cómo los hombres activos siempre han sido los preferidos? Lee, te ruego, las constituciones de los diversos estados y verás que los premios más grandes y los honores más insignes siempre se conceden, no a los ociosos, sino a los activos: y fueron triunfos gloriosos, trofeos y ovaciones, coronas y títulos variados, así como estatuas en gran número consagradas a hombres excelentes, y no sólo togados, sino también ecuestres y curiales, además de sepulcros magníficos y tierras concedidas como donación pública, de manera que con dichos homenajes la fama de los hombres ilustres, beneméritos por el estado, alcanzase la inmortalidad.

Ahora bien, si examinas cualquier tiempo pasado, hallarás muy pocos ociosos honrados de este modo, pero numerosos hombres activos. Y esto, ¿por qué? Para que entiendas que los principios más sabios y justos, que dictan las óptimas instituciones y las leyes de sus ciudades, amaron especialmente a ese tipo de hombres que mejor obedecieron a la naturaleza que nunca se equivoca. Y para que asumas la fuerza que posee la verdad, los mismos que anteponen las letras ociosas a las acciones civiles con mucha más frecuencia buscan con sus escritos la gloria de los jefes, no de los filósofos. Si bien el conocimiento de las grandes cosas, como es normal, siempre lo he tenido en gran estima, lo cierto es que la voz de la naturaleza, a la que todas debemos obedecer, a ellos les obliga a confesar aquello que a menudo en sus discusiones, de las cuales presumen, habían despreciado por completo.

De todos modos, me doy cuenta de que me estoy demorando demasiado en una cuestión por lo demás clarísima, especialmente cuando todo puede demostrarse gracias al único precepto del Altísimo que nos creó de la nada, y que cuando por nuestra osadía nos precipitamos en la muerte nos devolvió a la vida: me refiero al de que amemos a nuestro prójimo como a nosotros mismos. ¿Y qué tenemos más cerca que nuestra propia ciudad? Y no se me ocurre de qué modo se la puede amar como a uno mismo si no es devolviéndola al camino correcto cuando se desvía, proporcionándole consejo si se debate en la incertidumbre y te lo pide, ofreciéndole tu ayuda al verla inmersa en la turbación y el peligro. Ella necesita al ciudadano que sabia y prudentemente asuma la magistratura; necesita al capitán y necesita al soldado. ¿Cómo podrías decir que la amas si no la asistes con asiduidad, soportando serenamente cualquier fatiga; si no afrontas por ella, intrépido, peligros extremos, e incluso, si es necesario, la muerte?

Pero, ¿para qué seguir? Todos los filósofos que ha habido afirman que nacemos para la vida social y común, de manera que ni siquiera se puede decir que exista un hombre que no sea ciudadano, que no se preocupe por la ciudad en la que nació.

Esto es lo que quería decir en favor de la vida civil, en la forma declamatoria en la que suelo ejercitarme con Landino, en lugar de con argumentaciones filosóficas. Ahora bien, si lo he hecho es para que tú expongas tu parecer del modo más explícito a propósito de este discurso, y no para expresar efectivamente mi parecer. Si he abusado de tu paciencia obligándote a escucharme –sobrepasando los límites que imponía tu rango, y mi respeto hacia lo que de ti reclamaba–, espero que me disculparás, pues responde a mi vivísimo deseo de conocer: de hecho, invadido por una ansia extraordinaria de aprender, y al ser muy rara la oportunidad de acercarme a ti e interrogarte, perdóname si te agotado más allá de lo tolerable".

Una vez Lorenzo terminó de hablar, un gran estupor invadió las mentes de quienes allí se encontraban. Si bien es cierto que desde hacía tiempo aquel joven había dado muestras que permitían concebir en torno a él las mayores esperanzas, todos pensaban que tanta abundancia de argumentos y tanta variedad de ejemplos en un discurso improvisado reportarían un encomio no pequeño incluso a personas de edad mucho más madura.

Leon Battista Alberti, que de manera natural era proclive a mostrar un afecto especial por todos aquellos que le pareciesen estudiosos, y que además mostraba una actitud favorable y paternal hacia Lorenzo, añadió: "Te he escuchado con gran atención, querido Lorenzo, y no sin sumo placer. De hecho, compruebo que tú no sólo has reunido todas las virtudes propias de la vida civil –algo que, por sí mismo, y dada tu juventud, sería digno de una enorme admiración–, sino que incluso has dirigido tu mente hacia las cosas supremas. Se aprecia claramente que todo lo que has estado diciendo en favor de la vida civil tenía como único propósito el inducirme a confirmar los argumentos que demuestran la supremacía de la investigación de la verdad (algo que, si no me engaño, no exige un gran esfuerzo). De hecho, basta una breve reflexión para percatarnos de la nobleza de tal investigación; en cuanto te alejas de la especulación y de la indagación en torno a la verdad, de inmediato todas las demás cosas te resultan casi indignas de atraer la divinidad de nuestra mente. ¿Y quién, en cuanto considere un poco más de cerca la naturaleza del hombre, no comprenderá que no hay nada más alto que la mente? Ahora bien, no es propio de ella el actuar, sino el especular, y especular acerca de aquellas cosas que capta por sí misma sin ningún intermediario sensible. Por lo tanto, siendo la investigación de la verdad la función propia de esa parte de nosotros que es divinísima, dirigiéndose hacia esas realidades que por ser completamente incorpóreas no percibe ningún sentido, ¿no deberemos preferirla a la acción? Añade que, si mediante el cumplimiento de los deberes de la vida nos hemos puesto en camino hacia el sumo bien, el cual progresa en una ascensión perenne, sin que nada lo aparte de su meta, ese será sin duda superior a quien se halla en cualquier otra condición. Ahora bien, en la meditación nos mantenemos en una condición constante, mientras que en la acción los objetos continuamente nos distraen en todas direcciones: por eso, mientras Marta se ve abrumada por todo tipo de tareas, María se sienta junto a su Señor sin apartarse de él. Además, aquello que proporciona mayor disfrute[38] espiritual debe anteponerse a lo que brinda menos; y es la investigación de la verdad la que da el goce supremo; por eso María permanece en reposo mientras Marta anda distraída en mil cosas.

Pero no quiero olvidarme de otro aspecto: ¿quién no ve que debemos apreciar por encima de todo aquello querido por uno mismo frente a lo querido por otro? Pues bien, la especulación, según tu juicio y el de muchos sabios, es precisamente de ese tipo, como demostraré acudiendo a la autoridad del salmo, aunque sea algo aceptado por todos. Dice el salmista: "Una cosa he pedido a Yahveh, una cosa estoy buscando", y prosigue aclarando de qué se trata: "morar en la Casa de

---

[38] De nuevo, "voluptas" en el original.

Yahveh, todos los días de mi vida para ver su voluntad".[39] Añade que la indagación se lleva a cabo en paz y tranquilidad, como señala de nuevo el salmista: "Oye, hija, y mira, e inclina tu oído".[40] La acción no se produce sin estrépito y tumulto: María permanece ociosa, sentada; Marta se afana de aquí para allá. No hay de qué sorprenderse, desde el momento en que esta no se aleja de la materia, donde todo es agitación y barahúnda por el vaivén de las turbulencias, mientras que aquella mantiene la mirada fija en lo divino, donde no hay turbación alguna. María lleva a cabo su propósito con la mente, que es inmortal y libre de toda corrupción; Marta no hace nada sin los sentidos, los cuales dependen del cuerpo y con facilidad se precipitan en la corrupción, siendo además comunes con las bestias y no con Dios. Por eso, la propia divinidad ha dirimido la cuestión: María ha elegido la mejor parte y no le será sustraída. Y si dice la mejor parte es para que se entienda que, aunque la acción es buena, la contemplación la supera de largo; y si dice que no le será sustraída es porque, en el momento en que nuestra alma, que ha sido creada por Dios, al volverse hacia Él los denuedos humanos cesan por fin y desaparecen del todo. Hallaremos la paz y la dicha en la visión de Dios.

Ahora bien, dado que todo esto yo lo expongo de manera demostrativa y no con artificios retóricos, intentaré ahora otro camino. Y dado que acusabas de inercia a quienes aban-

---

[39] Sal 26:4 de la Vulgata, que es la versión que cita Landino, donde se lee "ut videam voluntatem Domini", mientras que la Nueva Vulgata vaticana, además de asignar al salmo el número 27, dice "voluptatem". De hecho, la Biblia de Jerusalén traduce: "para gustar la dulzura de Yahveh".

[40] Sal 45:11. Traducción de Reina-Valera. En cambio, en la Vulgata, que cita (mal) Landino, se lee: "Vacate et videte quoniam ego sum Deus".

donando el gobierno de la cosa pública se consagran al ocio contemplativo, tomemos a alguien de nuestra ciudad que dedicado a tal vida pueda defender eficazmente su elección. Me inclino por Paolo, médico y matemático eminente,[41] a quien tu abuelo Cósimo estimó sobremanera por sus extraordinarios conocimientos y por una dulzura al discurrir y debatir muy singular.

"Excelente", dijo Lorenzo. "De todos los hombres que he conocido, es el único que vive tan absorto del conocimiento de las verdades supremas que no se preocupa por otra cosa". "Pues así es", continuó Battista. "Nacido en Florencia, donde los asuntos públicos son comunes entre los ciudadanos, rehuyó los tumultos y las rencillas civiles, entregándose en soledad a la investigación de la verdad. Si alguien le acusase de dar la espalda de los compromisos que afectan a la seguridad y la dignidad públicas, como si despreciara los deberes políticos, creo que se defendería en los siguientes términos: 'Florentinos, por el hecho de que la mía sea una vida apartada no tenéis derecho a atacarme. De hecho, no me he apropiado con violencia o subterfugios de ningún bien público o privado; ni mi vida ni mi aspecto acarrean vergüenza alguna a la ciudad, de manera que tenga que arrepentirse por haberme dado a luz. En el trato personal no me comporto con nadie de manera grosera, ni con soberbia o avaricia. Nadie respeta más que yo las leyes ni las instituciones, tan importantes para la preservación del estado. Me da la impresión que muchos tienen en gran estima los cargos y las magistraturas ciudadanas, y que quienes son elegidos para los mismos obtienen grandes hono-

---

[41] Tal vez se refiera a Paolo dal Pozzo Toscanelli (Florencia, 1397-1482), matemático, astrónomo y cosmógrafo italiano, autor del mapa que induciría a Colón a tentar la ruta a las Indias por el oeste.

res si los ejercen con probidad, mientras que la ignominia cae sobre ellos cuando actúan de otro modo. Por ello Anaxágoras de Clazomene dijo que el poder revela al hombre.[42] Aquellos que se ubican en un puesto muy elevado no pueden preocuparse por los vicios y las virtudes, y si se apartan del camino recto se ven reprendidos. Si alguien, movido por una falsa estimación de la gloria, o por un amor extremo hacia la patria, se siente impulsado a aspirar al gobierno de la república, que antes sopese y medite consigo mismo cuáles son los artificios y los medios convenientes para afrontar una empresa tan grande. Ni el pintor ni el escultor culminarían con éxito sus obras si no se hubiesen convertido en maestros en su arte, haciéndose con los instrumentos necesarios para materializar la idea que tienen en mente y no verse frustrados por su ignorancia o decepcionados por no contar con los medios adecuados. Si se me pregunta qué aptitudes debe atesorar quien aspira a dedicarse a la política, sin dudarlo responderé que no podrá conseguirlo quien no posea el conocimiento de la verdad. Así como cuando venimos a la vida se ofrece a nuestros ojos la luz que nos permite percibir todos los cuerpos, así a nuestra alma, para evitar que andemos errantes lejos del camino recto, se manifiesta el conocimiento cierto de todas las cosas. De este modo se nos desvela, no sólo el fin supremo que cada cual desea alcanzar, sino también la senda más corta y transitable que conduce hasta él. Si alguien desprovisto de esta luz trata de alcanzar el fin que he señalado, ocurre como si siguiera a un guía ciego: se precipitará en el abismo de la desgracia, del cual deberá aban-

---

[42] Dicha frase no figura entre las atribuidas a ese autor en la magna edición de los filósofos presocráticos de Gredos.

donar cualquier esperanza de salir jamás.[43] Así pues, considero digna de una mayor consideración esta luz gracias a la cual conocemos nuestra naturaleza y aquello que nos conviene, que la que procediendo del sol nos muestra los cuerpos sujetos a corrupción. Ahora bien, nadie alcanzará dicho conocimiento a través de técnicas sórdidas y vulgares, y menos aún si permanecemos atados por los placeres, sujetos a la avaricia, sojuzgados por la ambición: únicamente se logra si nos inflama un vivísimo amor por la investigación de la verdad, para alcanzar la cual yo sigo la guía de la razón sin abandonar las pistas de la propia naturaleza. Esto, en lo que a mí respecta; si queréis apremiarme más, invocaré a alguno de esos que, en la búsqueda de la verdad, fueron mucho más allá, el cual no dudará en sostener que ha beneficiado al estado con dicho tipo de vida solitaria infinitamente más que si hubiese permanecido entre aquellos que pasan el día agitados en el foro y en el senado. Y es que no os concederé jamás que ponga a salvo a la república el que protege su puerto, sus muros o sus plazas, todas ellas cosas que, si el enemigo no logra abatir con el fuego o el cielo con sus inclemencias, sin duda hará desaparecer el trascurso del tiempo, cuya voracidad nada supera: lo único que la protege y conserva es la concordia de los ciudadanos, compuesta por las acciones de cada uno de ellos, del mismo modo que las cuerdas de la cítara producen, al ser tocadas al unísono, ese acorde suavísimo que los griegos llaman armonía. Este resultado es producto de una óptima constitución y del respeto de las leyes por parte de quienes hacen un uso virtuoso de ellas. Ahora bien, la virtud es a su vez el resultado de las razones llevadas a su perfección por una investigación diligente y por

---

[43] Recordemos que Landino publicó un célebre y extenso comentario sobre la *Divina comedia.*

una mente que se ejercita en la verdad. Esta verdad se obtiene por fin únicamente si le dedicamos una indagación tranquila y cotidiana. De hecho, las virtudes no echan mano de ningún otro instrumento, salvo de la auténtica razón que agudiza y excita el ánimo de aprender, de recordar lo aprendido y de hacer uso de ello. Este es el único modo de evitar los errores. Así se conduce el ejercicio de la verdad, este es el arte y la fuerza de la razón para cuya obtención debemos esforzarnos por encima de todas las cosas, dado que únicamente ella nos conduce hasta el sumo bien'.

Así es como se defendería un hombre dedicado a la especulación. Por otro lado, a los argumentos que has expuesto de manera tan ingeniosa y elegante, creo que respondería del siguiente modo: ante todo, como tú mismo has dicho, es preciso tener presente que el hombre está compuesto por cuerpo y alma. No negará que, dado que hemos de vivir encerrados en la estrechísima cárcel corporal, tampoco debemos descuidar del todo el cuerpo, sino hacernos cargo de ambos, pues de ellos estamos compuestos. En cualquier caso, si estudiamos con mayor atención nuestra naturaleza, no creo que nos equivoquemos al declarar que consiste únicamente en la mente. Esta tesis no sólo la sostiene el gran Platón, sino también los cristianos, por encima de los cuales no hallarás a nadie más docto. ¿Qué es, entonces, el cuerpo? Podría contestarte que es una atadura del alma, de la cual se liberará más pronto que tarde; una olla de arcilla que en breve acabará rompiéndose; o un vestido destinado a consumirse con el paso del tiempo. La mente, por el contrario, que es eterna, quiere como alimento propio no la acción, sino la especulación. Sea como fuere, procedamos con una Minerva más rica, como se suele decir, y concedamos que el hombre está hecho no sólo de alma, sino también de cuerpo. ¿Y bien? Tú dices que hay que atender también al cuerpo. Sin duda. De hecho, mientras vivimos esta existencia mortal el alma debe servirse de él para muchas cosas: no podría alcanzar el conocimiento que le es propio, y que le orienta hacia lo inmortal y lo eterno, si no es a través de las realidades que captan los sentidos, y que determinadas por el espacio y el tiempo vemos continuamente nacer y morir. Por lo tanto, tu afirmación según la cual las virtudes civiles que afectan a las costumbres atiendan tanto al alma como al cuerpo, yo también la admito, siempre que a tu vez aceptes que las virtudes tienen su origen en el conocimiento. ¿De qué modo podrá uno vivir de manera correcta si antes no conoce la justicia, y que la justicia es conforme con nuestra naturaleza, y que por ello conviene actuar de acuerdo con sus principios? Y lo mismo cabe decir, evidentemente, para la fortaleza y la templanza. Por tanto, no puede llevarse a término nada que convenga a la vida activa sin la especulación. Y esto se pone de manifiesto en la parábola de Marta y María. De hecho, no es María quien pide la ayuda de Marta, sino ésta la que se lamenta ante el Señor de que aquella no le ayuda: con ello queda claro que la acción, sin la colaboración de la investigación acerca de la verdad, apenas obtiene fruto. Hasta ese punto es excelente esta última, que incluso origina las virtudes que hemos indicado acerca de la acción, a las que brinda ayuda, además de alcanzar el mundo divino al cual la acción no puede aspirar. No por otro motivo estimo que Dios todopoderoso quiso que Moisés, jefe supremo de los hebreos, promulgase las leyes que debían enseñar al pueblo las acciones justas y honestas, no en las ciudades atestadas de habitantes, ni en un valle perdido, ni en medio de un campo o en una hondonada, sino en la cima de una montaña altísima. Con ello, Dios, arquitecto de todas las cosas, quiso indicar expresamente que aquello que beneficia al gobierno de los asuntos públicos sólo puede ser determinado por los hombres a través de la investigación de las cosas supremas. Así pues, si se desea conservar la sociedad humana y derrotar a los enemigos de la paz entre los hombres, se revelarán mucho más beneficiosas las virtudes que se celebran en el conocimiento de la verdad y no las que se ponen en juego en la acción. Por lo demás, la misma sociedad que mantiene unidos a los hombres no se rige por la excelencia del alma, sino más bien por la debilidad del cuerpo; y los mismos enemigos que en tu discurso, para suscitarnos miedo, pintaste con colores tan lúgubres, están destinados a ser sepultados junto con nuestros cuerpos. De hecho, cuando nuestras almas, al fin libres de cualquier contacto corporal, regresarán a su condición natural, ninguna sociedad deberá buscarse, ningún enemigo temerse: la acción cesará, mientras que la contemplación se elevará cada vez más. Por ello, el goce que se deriva de la verdad es eterno. Así pues, no es vano aquello que nunca será en vano. María elige la mejor parte, que nunca le será sustraída.

En cualquier caso, a pesar de ser las cosas como las describo, no dejaremos de entonar todo tipo de elogios al otro modo de vivir, siempre que se conduzca de acuerdo con las virtudes. Sin embargo, creo que se les debe una mayor gratitud a los hombres que, en completa tranquilidad, han descubierto y establecido los principios de los que se sirven como normas los propios administradores del estado. Añade además que se difunden de manera más profusa y benefician a un mayor número de personas aquellas cosas que se elucidan durante el ocio que las que se llevan a cabo en la vida activa. Y voy a ponerte un ejemplo de cuanto he dicho.

¿Qué puede ser más admirable que la acción de Cicerón, quien durante su consulado se guio con tanta sabiduría y fuerza de ánimo como para evitar el incendio de Roma, la pérdida de la libertad del pueblo romano y la devastación de toda Italia? Tras el asesinato de Julio César, expulsó de Roma a Antonio, desarmado y privado de su consulado, contrariando las opiniones de muchos senadores, y obró de manera que, aun no habiendo sido proclamado por el senado enemigo de la patria, fue considerado en cualquier caso como tal. Y si tales actos fueron llevados a cabo por él en la vida civil, de manera que fueron antepuestos a los mayores triunfos militares, ¿negaremos nosotros que actos similares deben ser celebrados con elogios inmortales? ¡De ningún modo! ¿Cómo sería posible, dado que, con un inmenso esfuerzo y corriendo muchos riesgos, e incluso jugándose la vida (como lo demostraron los acontecimientos), intentó por todos los medios devolverle a la patria la libertad suspendida, o mejor, perdida desde hacía tiempo? Pero, dime: cuando, lejos de la política, se había volcado por completo en los problemas supremos,[44] ¿resultaba tan inútil para su patria como para no beneficiarle en nada? O cuando, estudiando las enseñanzas de los griegos e investigando acerca de lo divino, intentaba elucidar no sólo aquello que fuese beneficioso para sus coetáneos, sino, abarcando la realidad universal, captar los fines del hombre, a los cuales todo debe referirse mediante el análisis de las vicisitudes de la

---

[44] Se refiere al período en el que Cicerón, tras hacerse Julio César con el poder, permaneció marginado de cualquier actividad política. En una carta a Varrón, escrita en abril de 46 a. C., afirmaba que ello no le privaba de ser útil a Roma: "Si nadie se sirve de nosotros, escribiremos y leeremos sobre la constitución del Estado, y si no podemos en la Curia y el Foro, intentaremos servir a la patria con nuestros escritos y en nuestros libros" (*Cartas a los familiares*, IX, 2. 5).

vida que nos acaecen, hallando numerosas vías por las que se puede alcanzar el desprecio de la muerte, de los dolores y de los sufrimientos del cuerpo, de los afanes y otras aflicciones del alma.[45] Por último, en esos libros divinos acerca de las leyes y el estado, ¿acaso no abordó la ciencia entera acerca de la vida civil, para mostrar cómo debe ser la sociedad, si quiere ser feliz, por qué principios se deben regir sus gobernantes, qué tareas han de asumir los particulares y los cargos públicos, qué clases y tipos de ciudadanos existen, así como las leyes? ¿Para revelar qué debe hacer cada cual, ya sea el consejero o el gobernante, ya el soldado, el artesano o el colono? Y habiendo determinado todo ello con gran perspicacia, y expuesto de manera amplia, clara, sopesada y elegante, de modo que no sólo consigue enseñarnos con facilidad, sino seducirnos con su vivacidad y deleitarnos con su exquisita suavidad, ¿dirás que no ha beneficiado a sus conciudadanos y a la humanidad entera? Compara, en cambio, la diferencia entre aquellas acciones admirables y estas meditaciones divinas: con aquellas benefició a una sola ciudad, con estas enseñó a todos los que conocen el latín. Con sus acciones sabias y prudentes se sobrepuso a los enormes peligros que le apremiaban en el momento, pero aquello que consignó en sus libros afecta a cualquier época, pues plantea preceptos de vida honesta y feliz, no sólo a sus contemporáneos, sino a aquellos que han vivido desde entonces, y a los que vivirán en el futuro. Si repasas las páginas de quien no se ocupó de la vida activa, comprenderás que han transformado a los hombres, de necios y bárbaros en dóciles y

---

[45] De hecho, tanto en las *Tusculanas* como en *Acerca del sumo bien y el sumo mal* Cicerón se limita a exponer críticamente las distintas perspectivas al respecto sostenidas por estoicos, epicúreos y neoacadémicos, decantándose por éstas últimas en un marco antidogmático.

gentiles, hasta la sabiduría y el refinamiento actuales. De hecho, fue necesario que aquellos sabios considerasen atentamente estos asuntos antes incluso de reunir a los hombres que vagabundeaban por los campos y los bosques para fundar las ciudades, educándoles en las leyes, todo ello estudiando con suma perspicacia la naturaleza humana.

De todo lo que se ha dicho se puede concluir que los que permanecen inmersos en la acción sin duda alguna benefician a los hombres, pero sólo a sus contemporáneos o durante un breve período de tiempo; por el contrario, los que iluminan la misteriosa naturaleza de las cosas lo hacen de manera permanente. Las acciones mueren con los hombres; los pensamientos sobreviven a los siglos y perviven inmortales, elevándose hacia la eternidad. Por lo tanto, cuando ese sabio tuyo, sentado a la puerta de la ciudad, evalúa a quién deja entrar en ella, permitirá el acceso al senador, al orador, al soldado, al jurista, y después a todas esas personas que tú has examinado antes escrupulosamente. Y no se equivocará al hacerlo, pues la ciudad los necesita a todos, del mismo modo que el cuerpo todos sus miembros, sin los cuales se vería disminuido y quizás inutilizado. Ahora bien, cuando se acerque nuestro sabio y, preguntado acerca de cómo puede beneficiar a la vida común, responderá que él se propone, absteniéndose de cualquier actividad práctica así como de todo negocio público o privado, dedicarse en exclusiva a la indagación acerca de las supremas materias, volcando luego por escrito todo aquello que estime útil y honesto, según su naturaleza; dime, ¿quedará excluido o, por el contrario, poniéndose en pie para venerarlo como si fuera casi un dios mortal, nuestro centinela se aprestará a acompañarle hasta el centro de la ciudad para alojarlo en la sede más egregia, manteniéndolo a cargo del erario público? Es más, lo propondrá como modelo a los demás ciudadanos, de manera que cada cual aprenda la manera en que debe desempeñar el oficio que le ha asignado la ciudad, atendiendo, como si fuese un oráculo, las respuestas a sus propias dudas. ¿Habrá quien afirme que un hombre así no resulta útil a la ciudad, cuando no hay nadie que pueda asumir correctamente su propia tarea sin pedirle antes consejo?

Hace poco me sonreía ante la pompa de tu discurso, cuando comparabas el estado, unas veces con un barco, otras con el cuerpo de un ser vivo, y al comprender el propósito de lo que decías, aprobaba tácitamente tu opinión. Créeme, será bien gobernada la nave de cuya tripulación forme parte, aparte de aquellos a los que hacías alusión, nuestro sabio el cual, libre de toda ocupación, estudie únicamente aquello que favorezca a la navegación y aconseje a cuantos le interroguen acerca de la mejor ruta a seguir. Retomando el paralelismo que hemos trazado con el cuerpo de un ser vivo, ni los sentidos juzgan ni los apetitos brotan al albur del azar, sino que se rigen por la mente la cual, libre de acciones, beneficia con su consejo a las funciones activas.

Y respecto a lo que afirmabas acerca de la república se vería perjudicada si los mejores talentos se dedicasen a la investigación acerca de la verdad, te diré que el sabio nunca dejará de enseñar el bien a quien le consulte ante las dificultades, de modo que beneficiará, si no de obra, sí con su consejo. Ahora bien, créeme que serán muy pocos los que, huyendo de la sociedad humana, podrán sobrevivir solos, lo cual sólo está al alcance de quienes, superada la naturaleza humana, se han alzado hasta lo divino: de hecho, han sido escasísimos a lo largo de la historia, y raramente aparecen nadando en el vasto torbellino, por lo que no hay peligro alguno de que el estado sea abandonado. Sin embargo, aun inactivos, resultan de gran utilidad para sus conciudadanos; de hecho, son un acicate para ellos, para evitar que se entreguen al placer y a la pereza olvidando toda doctrina; por lo demás, tampoco rechazarán la labor, si la ciudad les requiere como jefes para que la conduzcan adecuadamente. De hecho, el divino Platón enseña que si el sabio ve un estado regido por otro sabio, gozará de una gran paz, pues no deja de resultar más fácil ser guiado que guiar; ahora bien, si quienes gobiernan son necios, tratará de ocupar su lugar o de rectificar su conducta, y si ello no es posible, se encerrará en sí mismo y beneficiará a los hombres de otro modo.

Por otro lado, tú has mencionado a muchos que han obtenido divinos honores por sus proezas civiles y militares; yo los estimo dignos de ellos y no dudo que fueron hombres notables y admirables. De hecho, afirmo que son excelentes, pero pienso que los otros no deben ser incluidos entre los mortales: es un dios quien, como dice Virgilio, ha podido conocer las causas de las cosas,[46] aunque es un hombre excelente y egregio quien actúa correctamente. De hecho, dado que se preocupa más de los asuntos ajenos que de los propios –aunque el hombre no considera ajena ninguna cosa que sea humana–; dado que, sobre todo, de la paz desciende a la acción, de la tranquilidad al tumulto y los peligros, a sus muchas fatigas no es improcedente asignar un digno premio. Justamente, el estado homenajea sobre todo a quienes resulta de sumo interés honrar; y es de suma importancia atraer con todo tipo de galardones a ese tipo de hombres, para que lo defiendan y lo for-

---

[46] La cita no es exacta; de hecho, el original latino afirma: "Felix qui potuit rerum cognoscere causas", es decir, "Dichoso aquel que puede conocer las causas de las cosas" (*Geórgicas*, 2, 490).

talezcan. De hecho, si bien la virtud posee una gran fuerza y nos revela constantemente su enorme belleza, es tal la incapacidad del hombre de conocerse a sí mismo, así como tanta la depravación y la corrupción de las costumbres, que son muy pocos quienes desean afrontar un mayor esfuerzo o un peligro grave sin la expectativa de un premio manifiesto: hallarás a muchos más que traten de obtener las insignias de la virtud que a quienes la amen de manera gratuita y desprendida. Por eso se ha establecido sabiamente que, dado que la recta razón no domina en todos, con este tipo de atractivos se espolee el interés por lo justo y lo bueno.

Así pues, eran estos los motivos que, cuando hace poco indagábamos acerca de la investigación de la verdad y la acción correcta, me inducían a anteponer el conocimiento a la acción. De todos modos, tras examinarlo todo con atención, y considerando que el hombre está tan lejos de ser puro espíritu que no se puede en absoluto descuidar el cuerpo, y habiendo sido creado de manera que establece con los demás lazos de amor y alimenta un ansia de conocimiento, consideraré para concluir que es un auténtico hombre aquel que, juzgando rectamente los dos tipos de vida, los una a ambos; que se dedique a la vida activa en la medida en que las exigencias mortales y el vínculo social lo requieran, así como lo exija el amor a la patria. Ahora bien, se orientará hacia la especulación y recordará haber nacido para ella, salvo en lo que atañe a la debilidad humana. Y es que no se trata de ámbitos enfrentados, ni tan distintos entre ellos como para de alguna manera no poder ponerlos de acuerdo. Marta y María son hermanas, conviven bajo el mismo techo; a Dios le complacen las dos: una porque prepara los alimentos y la otra porque se alimenta. Ambos son buenas: una, laboriosa, la otra inactiva, pero en cualquier caso de un modo que ni la fatiga ocasione agotamiento ni el ocio acedia.[47] Por ello nos uniremos a Marta para no descuidar nuestros deberes humanos, pero mucho más a María para que nuestra alma se alimente de néctar y ambrosía. Así, poco a poco ascenderemos hacia el conocimiento de Dios; y quien ignore que es en esto donde reside el sumo bien, estimo que se desconoce a sí mismo y su propio origen. Cuando sopeso la agitación y turbulencia de nuestra vida, tan similar a un mar tempestuoso, estimo sumamente difícil alcanzar la finalidad postrera si no nos refugiamos, como en un puerto tranquilo, en el conocimiento de la verdad que hemos expuesto anteriormente. Y esto, si bien ha sido proclamado por las sentencias de todos los filósofos (o, al menos, de aquellos que son dignos de ser mencionados), fueron dos poetas sapientísimos, Homero y Virgilio, quienes lo plasmaron en imágenes portentosas; si su lectura me deleita es por esta razón. ¿Qué nos quisieron mostrar, uno con Ulises y el otro con Eneas, si no cuál es el sumo bien de los hombres? No sólo quisieron indicarlo, sino que trazaron la ruta más segura que conduce a él sin posibilidad de error. ¿Y qué hacemos nosotros? ¿Acaso nos hemos olvidado de que hemos venido aquí, no tanto para discutir, como para recuperarnos? Por ello, pienso que, habiendo permanecido en reposo durante bastante tiempo, conviene que nos levantemos y volvamos a las celdas, no ya por el camino que hemos seguido al subir, sino pasando por la colina cercana, que describe un recorrido más amplio y menos empinado.

---

[47] El tema de la tristeza subsiguiente a la falta de actividad fue recurrente en la Edad Media, sobre todo a raíz de la extensión de la vida monástica. San Juan Damasceno definió la acedia como "una especie de tristeza deprimente".